AF461392

ALEXANDRE DUCROS

LE
COQ DE BÉOTIE

PARODIE MYTHOLOGIQUE EN UN ACTE, EN VERS

Représentée pour la première fois, à Paris, sur le théâtre des Folies-Marigny, le 15 octobre 1873

TROISIÈME ÉDITION

PARIS
E. DENTU, ÉDITEUR
Libr. de la Société des Auteurs et Compositeurs dramatiques et de la Société des Gens de lettres
PALAIS-ROYAL, 17, 19 ET 21, GALERIE D'ORLÉANS

1877

LE

COQ DE BÉOTIE

Le Coq de Béotie *a été créé à Nîmes en* 1864. *Repris à Paris en* 1872, *au Théâtre-Tivoli, où il obtint soixante représentations consécutives, joué par MM. Lary, Bégué, Gabriel; Mesdames Mesmakers, Céleste, etc., etc. C'était alors une opérette, musique de M. Emile Rousselot. Le* Coq de Béotie *fut repris, sans musique, l'année suivante, au théâtre des Folies-Marigny, où il obtint une série de* 170 *représentations.*

Les artistes qui créèrent la pièce à Nîmes sont: M. Barbet, le ravissant ténor que la Belgique nous a enlevé, M. Vigny; Mesdames Hénault, Murat, Forest, etc.

Paris. — Imprimerie Alcan-Lévy, 61, rue de Lafayette.

Mme MESMAKERS (rôle d'Echo)

ALEXANDRE DUCROS

LE
COQ DE BÉOTIE

PARODIE MYTHOLOGIQUE EN UN ACTE, EN VERS

Réprésentée pour la première fois, à Paris, sur le théâtre des Folies-Marigny, le 15 octobre 1873

TROISIÈME ÉDITION

PARIS
E. DENTU, ÉDITEUR
Libr. de la Société des Auteurs et Compositeurs dramatiques et de la Société des Gens de lettres

PALAIS-ROYAL, 17, 19 ET 21, GALERIE D'ORLÉANS

—

1877

A Mademoiselle

AGNÈS GUYOT

artiste

DISTRIBUTION

JUPITER......................	MM.	GUYOT.
JUNON......................		VALU.
NARCISSE....................		HERBERT.
ÉCHO........................	Mmes	MESMAKERS.
LA NYMPHE BLEUE..........		LUCIENNE.
LA NYMPHE ROSE............		BRÉVANNES.
LA NYMPHE AMARANTHE...		ADÈLE-PAUL
LA NYMPHE JAUNE..........		LOUISE.
LA NYMPHE LILAS...........		NICHETTE.

QUATRE GARDES BÉOTIENS.

N. B. — Les Directeurs de province peuvent monter le *Coq de Béotie* en supprimant les Nymphes. Voir les *variantes* à la fin de la brochure.

LE

COQ DE BÉOTIE

PARODIE MYTHOLOGIQUE EN UN ACTE, EN VERS

UNE CLAIRIÈRE

SCÈNE PREMIÈRE

TOUTES LES NYMPHES.

Au lever du rideau, elles sont couchées sur le gazon dans différentes poses, et vont se livrer au sommeil.

LA NYMPHE BLEUE (*arrivant*).

Eh ! quoi, dormir, mes sœurs ? dormir quand le soleil
Inonde l'horizon de son éclat vermeil ?
De grâce, attendez donc que Diane nocturne,
Attache au front du soir son croissant taciturne ;
Que la lune, en un mot, sur le clocher bruni,
Surgisse tout à coup comme un point sur un i.

LA NYMPHE ROSE.

Pourquoi, d'un plagiat, orner ta réthorique ?

LA NYMPHE BLEUE.

Moi ?

LA NYMPHE ROSE.

Ce point sur un i n'est pas de ta fabrique,
Je l'ai vu quelque part, dans un livre.

LA NYMPHE BLEUE.

Lequel ?

LA NYMPHE ROSE.

Le livre d'un mortel, défunt... mais immortel !

LA NYMPHE BLEUE.

Quel est ce paradoxe ?...

LA NYMPHE ROSE.

Académus, ma chère,
Avait d'un banc rustique, un jour, dans son parterre,
Fait don à ce mortel ; tu saisis ?

LA NYMPHE BLEUE.

Oh ! très bien !
Immortel signifie académicien.

LA NYMPHE ROSE.

On appelait ainsi grammairien, sophiste,
Rétheur et cætera... Longue serait la liste,
Que chez Académus, gratifiés d'un banc,
On voyait chaque jour allongés sur le flanc.

LA NYMPHE BLEUE.

Sur le flanc ?... et pourquoi ?...

LA NYMPHE ROSE (*gravement*).

La docte académie
Ne s'assemblait jamais autrement qu'endormie !...
Et je crois, pour ma part, moi, qu'elle avait raison.
Faisons ainsi, mes sœurs, dormons sur le gazon.

TOUTES.

Oui, c'est cela, dormons !

LA NYMPHE BLEUE.

O mes sœurs ! pour vous plaire
Je voudrais, comme vous, du sommeil salutaire
Goûter le charme heureux !

LA NYMPHE ROSE.

Dors, alors !

LA NYMPHE BLEUE.

Je ne puis !
Mais je vais d'un récit distraire vos ennuis :
Vous connaissez Écho ?

LA NYMPHE AMARANTHE.

Sans doute, une coquette,
Qui du dieu Pan brisa le cœur et la musette ;
Il en était toqué.

LA NYMPHE BLEUE.

C'est cela même.

TOUTES.

Eh bien ?

LA NYMPHE BLEUE.

Eh bien ! elle est toquée à son tour, elle en tient !

LA NYMPHE AMARANTHE.

Et pour qui ?

LA NYMPHE BLEUE.

Je ne sais. Mais, ma chère, elle est folle,
Et met tant de soupirs sur les ailes d'Eole,
Que le joufflu souffleur en est tout essoufflé.
Les dieux vengent l'amour de Pan inconsolé !

LA NYMPHE AMARANTHE.

Mais cette passion, ne saurait-on connaître
Qui l'alimente ainsi ? qui d'abord la fit naître ?

LA NYMPHE BLEUE.

On pourrait le savoir.

TOUTES.

Comment ?

LA NYMPHE BLEUE.

En cherchant bien...
Mais pour cela, dormir n'est pas le vrai moyen.
Et, si vous m'en croyez, nous chercherons ensemble
L'insensible mortel, mes sœurs, que vous en semble ?

TOUTES (*se levant*).

Oui, c'est cela, cherchons.

LA NYMPHE LILAS.

Et puis, qu'en ferons-nous
Quand nous l'aurons trouvé ?

LA NYMPHE JAUNE — (*elle est vieille*).

Mais... peut-être un époux !

TOUTES (*riant*).

Ah ! ah ! ah !

LA NYMPHE BLEUE (*riant*).

Et pour qui, s'il vous plaît ?

LA NYMPHE JAUNE.

Pour moi-même !

LA NYMPHE LILAS.

Écho ne voudra pas céder son bien suprême.

LA NYMPHE JAUNE.

On saura se passer de ses consentements ;
Comme elle, pour charmer, j'ai des appas...

LA NYMPHE ROSE (*riant*).

Puissants !

LA NYMPHE JAUNE.

Impertinente !...

LA NYMPHE BLEUE.

Allons, allons, pas de querelles !
Unissons nos efforts, plutôt, mesdemoiselles,
Pour dénicher l'ingrat qui fait languir Écho.
Il doit être sans doute aimable, et jeune et beau ;
De celle qui de nous lui tournera la tête
Il deviendra le prix, l'honorable conquête.
Écho nous dédaigna ; fière de son emploi
Chez madame Junon, elle nous fit la loi ;
Elle fuyait nos jeux, coquette, ambitieuse,
Nous regardant du haut de sa morgue orgueilleuse,
Il faut nous venger d'elle et de son froid dédain
En lui soufflant l'amant qu'elle poursuit en vain.
Cela se fait parfois, entre femmes.

TOUTES.

Sans doute !

LA NYMPHE BLEUE.

Mettons-nous en campagne, alors !... en route !

TOUTES.

En route !

SCÈNE II

LES MÊMES, NARCISSE. (*Il arrive du fond à droite, et s'arrête tout à coup en apercevant les nymphes.*)

NARCISSE.

Du monde ! saperlotte !

LES NYMPHES.

Un homme !

LA NYMPHE LILAS.

Quel est-il ?

LA NYMPHE JAUNE.

Je ne sais... je ne vois que son nez... de profil !

NARCISSE.

Impossible de fuir !

(Deux nymphes vont le prendre et le font descendre en scène. — Narcisse se cache la figure avec ses mains.)

LA NYMPHE ROSE.

Où couriez-vous, jeune homme ?
Ne pourrait-on savoir de quel nom on vous nomme ?
Quel pays est le vôtre et quels heureux climats ?...
Quoi ! vous êtes muet ? vous ne répondez pas ?...
(Narcisse garde le silence.)
Quel ciel vous a vu naître ?

NARCISSE.

Un ciel de lit !... madame !

LA NYMPHE ROSE.

C'est très bien répondu... Toutefois, on réclame
La faveur de savoir ce que vous demandez,
Qui vous êtes enfin !

NARCISSE.

Qui je suis ?... Regardez !

LA NYMPHE BLEUE.

Narcisse !... Justes dieux !...

TOUTES (*l'entourant*).

C'est le fils de Céphise !...
Oh ! laisse-moi te voir !

NARCISSE.

Allons, pas de bêtise !
Mes chattes, calmez-vous !... Ça devient assommant !...

LA NYMPHE LILAS.

Qu'il est beau !

LA NYMPHE AMARANTHE.

Quel maintien gracieux et charmant !

NARCISSE.

Oui, je ne suis pas mal.

LA NYMPHE LILAS.

Quel regard !

LA NYMPHE AMARANTHE.

Quelle bouche !

LA NYMPHE BLEUE.

Et ce nez !... oh ! ce nez ! veux-tu que je le touche ?

NARCISSE.

Tu me chatouilles...

LA NYMPHE BLEUE.

Ah ! les dieux qui te l'ont fait,
En effet, n'avaient fait jamais nez plus parfait !...
(Elles cherchent à l'attirer chacune vers elle.)

NARCISSE *(se débattant)*.

Là ! mes biches, voyons, devenez raisonnables :
Je suis tout chiffonné... Montrez-vous charitables ;
Ne me secouez plus comme un prunier, morbleu !
Que c'est bête !... tenez, vous m'avez fait un bleu !
(Il relève sa manche.)
J'attends ici quelqu'un.

LA NYMPHE JAUNE *(minaudant)*.

Une bonne fortune,
Narcisse ? Ce quelqu'un... Est-elle blonde ou brune ?

NARCISSE.

La couleur n'y fait rien.

LA NYMPHE BLEUE (*bas aux autres*).

Oh ! mes sœurs... si c'était
Pour lui qu'Écho soupire ?

LA NYMPHE ROSE (*bas*).

Il se peut, en effet,
Qu'il vienne ici pour elle.

LA NYMPHE AMARANTHE.

Il nous faut les surprendre.

LA NYMPHE LILAS.

Ou plutôt empêcher un rendez-vous si tendre
En retenant Écho loin d'ici.

LA NYMPHE JAUNE (*bas*).

C'est cela !

NARCISSE.

Serait-ce un noir complot que vous tramez par là ?

LA NYMPHE BLEUE.

Peut-être !... En attendant, nous te cédons la place...
(Elle fait quelques pas pour sortir, puis elle dit tout à coup, en courant à Narcisse :)
Ah ! bah !... Je n'y tiens plus, il faut que je l'embrasse...

TOUTES (*se précipitant sur lui*).

Embrassons-le, mes sœurs !

LA NYMPHE LILAS.

C'est à moi !

LA NYMPHE AMARANTHE.

Non !... à moi !

NARCISSE (*se débattant*).

Vous me prenez d'assaut !... Jupiter !... tu le voi !

« Trop de mérite, hélas ! quelquefois importune ! »
Ce vers des *Huguenots* traduit mon infortune.

LA NYMPHE BLEUE (*lui envoyant un baiser*).

Candide adolescent !

LA NYMPHE LILAS (*même jeu*).

Beau bébé !

LA NYMPHE AMARANTHE (*même jeu*).

Beau bambin !

LA NYMPHE LILAS (*même jeu*).

Sois heureux, Don Juan !

LA NYMPHE AMARANTHE (*même jeu*).

Au revoir, chérubin !

(*Les nymphes s'éloignent en envoyant des baisers à Narcisse.*)

SCÈNE III

NARCISSE (*seul*).

NARCISSE.

Voilà ! voilà ! voilà l'effet que mon physique
Produit à chaque pas !... ça devient tyrannique.
Là, sans farce, c'est vrai !... Les filles du canton
N'ont qu'un même refrain dit sur le même ton :
« Qu'il est beau ce Narcisse ! » Enfin, une romance
Qui finit par lasser ma longue patience !

(*Il fait les trois saluts au public.*)

Messieurs, si vous croyez que c'est bien amusant
D'avoir un facies aimable et séduisant,

Détrompez-vous ; un rien, un cheveu vous défrise ;
Tantôt c'est le soleil, ou la pluie... ou la brise...

(Baissant les yeux.)

Et surtout, oh ! surtout les victimes qu'on fait !

(Au public.)

Maris, rassurez-vous, je veux être discret.

(Soupirant.)

O mon papa Céphise !... ô maman Liriope !...
Votre fils vous doit-il louer pour l'enveloppe
Dont vous l'avez doté ?... Doit-il, dans ce cadeau,
Voir un bienfait des dieux ou trouver un fardeau ?
Qu'ils m'aident en ce cas à supporter l'épreuve !

(Au public.)

Sans doute, vous savez que mon père est un fleuve,
Ma mère une rivière, et que moi, tout enfant,
Sur le bord de leur lit je jouais, triomphant ?
Pour m'apprendre le grec, on me mit à l'école...
Je passe sous silence un détail si frivole,
Pour arriver au jour où, le cigare aux dents,
Je parus dans le monde avec mes dix-huit ans.
Au cirque, aux jeux publics, sur les quais, dans les rues,
Les populations, pour me voir, accourues,
Poussaient des cris de paon... et d'admiration !
Ce n'était qu'un concert à mon intention ;
Grandes dames, bas-bleus, bourgeoises, hétaïres,
Me dardaient de regards, me criblaient de sourires ;
J'étais couru, cherché, demandé tour à tour,
On s'inscrivait d'avance, on venait chaque jour
Savoir, chez mon portier, mon heure...

(Confidentiellement.)

Sans reproche,

Ma froideur, à plus d'une, évita l'anicroche
Qui fait qu'un époux est... vous savez ?... En un mot
Je devins à la mode et gommeux comme il faut.
Je reçus des billets parfumés, et d'un style...
D'une orthographe, enfin, on ne peut plus facile !

(*Montrant un billet.*)

Tout à l'heure mon groom m'a remis celui-ci,
Encore un rendez-vous que l'on me donne ici.
Comme c'est rédigé pour le fond et la forme !...

(*Il lit.*)

« *Dussé-je vous trouver moqueur,*
« *Mon cœur, hélas ! mon tendre cœur,*
« *Sur lequel pèse un poids énorme,*
« *Dans la forêt voisine appelle son vainqueur.*
« *Narcisse, attendez-moi sous l'orme.*
« *Je suis votre servante.* »

(*Pliant le billet.*)

Et moi, ton serviteur.

(*Regardant autour de lui.*)

Sous l'orme ? m'y voici... Qui donc ça peut-il être ?
Attendons.

(*Il allume un cigare et lit un journal qu'il a tiré de sa tunique.*)

SCÈNE IV

NARCISSE, ÉCHO.

ÉCHO (*apercevant Narcisse*).

C'est Narcisse ! Il a reçu ma lettre !

Inspire-moi, Vénus, les plus tendres accents,
Sur mes faibles attraits répands tes dons puissants !
Pour que ce cœur d'airain à ma voix s'attendrisse,
Ne m'abandonne pas, ô Vénus protectrice !

NARCISSE (*lisant son journal*).

Tiens, la rente a baissé.

ÉCHO (*à part*).

Dieux ! je tremble !

NARCISSE (*continuant sa lecture*).

Comment !
La Clio va, dit-on, publier un roman ?
Pour collaboratrice elle a pris Mnémosyne.
J'achèterai cela.

ÉCHO (*admirant Narcisse, à part*).

Quelle taille divine !
Et quelle voix suave !... Approchons... il le faut...
(*Elle fait quelques pas et s'arrête.*)
Ah ! je n'ose !...

NARCISSE (*se levant*).

Ah ! ça mais, je croque le marmot.
Me ferait-on poser ?

ÉCHO (*se montrant*).

Non, Narcisse !

NARCISSE (*l'examinant*).

Une femme !
(*Lui montrant le billet qu'il a reçu.*)
Serait-ce par hasard, votre griffe, madame ?
En un mot, est-ce vous qui m'avez adressé
Ce poulet ?

ÉCHO (*baissant les yeux*).

Oui, Môssieu !

NARCISSE.

Parlez, je suis pressé.

ÉCHO.

Ah ! vous m'accorderez un moment pour vous dire
De mon cœur le tourment et l'étrange délire :
Oui, vous m'écouterez, vous serez généreux,
Car on doit être bon alors qu'on est heureux !
Et vous aurez pitié de cette pauvre femme,
Qui sous votre talon met son cœur et son âme ;
Qui, la rougeur au front, combattant sa vertu
Qui lui crie : « Oh ! toquée !... oh ! folle !... que fais-tu ? »
Vient vous dire en tremblant : Narcisse ! Grâce ! grâce !
Le trouble me saisit... ma pudeur m'embarrasse,
Oh ! prends pitié, cruel, de ma douleur ici !

(Criant.)

Je t'aime !

(Timidement, les yeux baissés.)

Et n'ose pas te le dire !

NARCISSE.

Merci !

Elle se gêne !

(La regardant plus attentivement.)

Eh ! mais ! Je n'y prenais point garde,
Parbleu ! je la connais ! et plus je la regarde...
Je crois me souvenir qu'un soir... au bord de l'eau...

(A Écho.)

Comment t'appelles-tu ?... Quel est ton nom ?

ÉCHO.

Écho !

NARCISSE *(à lui-même).*

C'est ça... je disais bien... une drôle de fille,

Soubrette chez Junon ; du reste, assez gentille,
Mais aimant les cancans, bavarde s'il en fut,
Une portière, enfin, se mettant à l'affût
Des conversations pour aller les redire.

ÉCHO (*à part*).

Sur sa lèvre, ô Vénus, voltige le sourire,
Et son lorgnon vers moi se tourne sans courroux.
(*Haut.*)
Oui, mon nom est Écho, le trouves-tu pas doux ?

NARCISSE.

Padoue ?...
(*Il cherche à comprendre, puis, tout à coup.*)
Ah!... *Patavium ?...* oui, dans la Vénétie ?
La ville d'Anténor... sur la géographie ?
Non, je ne trouve pas qu'il lui ressemble en rien.

ÉCHO.

Est-il spirituel!

NARCISSE.

Comme un vrai Béotien !
Naguère, tu servais chez de grands personnages ?

ÉCHO.

Oui ; mais je suis sans place, on m'a payé mes gages.

NARCISSE (*à part*).

Elle est sur le pavé.

ÉCHO (*le regardant tendrement*).

Madame Jupiter
M'a chassée, et je suis aussi libre que l'air !

NARCISSE.

Bah ! Chassée ?... et pourquoi ? Dis-moi pour quelles
[causes.

ÉCHO.

Pour une bagatelle, oh ! la moindre des choses.
Si le récit t'en plaît, je puis te faire ici,
Pour charmer tes soucis, Narcisse, ce récit :
(*Parlant avec volubilité.*)
Après avoir couru de Bellone à Diane...

NARCISSE (*au public*).

Quand je vous le disais : Il faut qu'elle cancane !

ÉCHO (*poursuivant*).

Le puissant Jupiter, cherchant d'autres amours,
Descendit de l'Olympe aux terrestres séjours ;
Dédaignant les grandeurs et les munificences,
Chez les Nymphes des bois il passa ses vacances ;
Junon l'avait suivi, — jalouse on ne peut plus,
Elle rendait ainsi tous ses plans superflus.
Jupiter vint à moi, puis me tint ce langage :
« Petite. — « Monseigneur. » — Je suis vexé, j'enrage,
« Je ne puis faire un pas, derrière mon talon
« Est sans cesse l'orteil de Louloute-Junon.
« C'est un chat, une hyène, un tigre une panthère,
« Dont tu peux, si tu veux, aisément me défaire :
« Tu ne contes pas mal, tu récites très bien ;
« Séduis, distrais ma femme avec un entretien,
« Tandis qu'au fond des bois, dans l'ombre et le mystère,
« J'irai voir si Vénus est toujours à Cythère !
« Cette déesse-là me donne du tintoin,
« Et de la sermonner, je veux prendre le soin.
« Je vais et je reviens ; je ne fais qu'une course. »
A ces mots, dans ma main, il fit tomber sa bourse.
Pendant longtemps j'en eus un honnête profit,
Et ce que je gagnai pour vivre me suffit.

Mais madame, un beau jour, s'aperçut du manége...
Elle me fit mon compte !

NARCISSE.

Et que veux-tu ?

ÉCHO *avec passion.*

Le sais-je ?
Je veux suivre tes pas, partager ton destin,
Pour t'aimer, te servir, debout dès le matin.
Si le spleen te saisit, ma mémoire fidèle
Trouvera, beau Narcisse, une histoire nouvelle,
Vois-tu, j'en sais tant!... tant !...

NARCISSE.

Oui, tu veux m'en conter;
Ton « tant! tant! » perd son temps s'il tend à me tenter.
Bonjour !

ÉCHO.

Quoi ! tu me fuis ?

NARCISSE.

On m'attend, dans une heure,
Quelque part !

ÉCHO.

Ah ! cruel, regarde-moi, je pleure !
Ne t'en va pas ainsi, fais qu'un destin meilleur...

NARCISSE.

Il est trop tard, je dois passer chez mon tailleur
Pour donner le patron d'une robe commode,
Un nouveau vêtement que je mets à la mode.
(*Il va pour s'éloigner.*)

ÉCHO (*le retenant*).

Non ! non ! ne t'en va pas ! écoute, par pitié !
Je languis, je me meurs, je dessèche sur pied !

Ne me repousse pas ! écoute ma prière...
Ouvre-moi ton oreille, ouvre-la tout entière
Au cri de ma douleur !... Que j'entende ta voix !
Écoute : nous irons ensemble au fond des bois ;
Loin des regards jaloux je sais une chaumière,
Viens ! viens ! Je marcherai, si tu veux, la première,
Pour te faire un chemin à travers les buissons,
Si tu crains d'abîmer ta robe ou tes chaussons !
Viens ! je te porterai dans mes bras !... Oh ! par grâce !
A l'univers entier dérobons notre trace !...
Narcisse ! écoute-moi ! tu ne me réponds rien !...
Je serai ton esclave, et ta chose, et ton chien !...
Je saurai, pour te plaire, ami, me mettre en quatre,
En huit, en seize... en cent ! Je me laisserai battre !
Eh quoi ! tu restes sourd ? Mes accents, mes soupirs
Plaideront-ils en vain pour mes chastes désirs ?
Tiens, je suis à tes pieds, abrége mon supplice...
(*Tombant à genoux et tragiquement.*)
Ah ! Narcisse ! Ah ! Narcisse ! Ah ! Narcisse ! Ah !
[Narcisse !

NARCISSE (*fredonnant*).

As-tu vu la lune,
Mon gas ?
As-tu vu la lune ?

ÉCHO (*se relevant indignée*).

Mais que portes-tu donc à la place du cœur ?
Un glaçon de Norwége, assurément ?... Malheur !
Tremble !... tu ne sais pas ce que peut une femme,
Lorsque le désespoir se... « djing ! djing ! » dans son
[âme !
(*Elle fait le geste de se plonger un poignard dans le sein.*)

Non, tu ne le sais pas, car si tu le savais !

(S'arrêtant tout à coup, et passant des larmes au rire, le rire fiévreux et saccadé du mélodrame.)

Je suis folle, vraiment !... Ne trouve pas mauvais
Ce que je te dis là... vois-tu, c'était pour rire...
Oui, quelquefois on dit ce qu'on ne croit pas dire,
Et les grands désespoirs ont cela de commun,
Qu'à force de se plaindre on devient importun.
J'ai pu te menacer ? oui, parbleu ! J'étais folle !
Tiens, je ne pleure plus, prononce une parole,
Une syllabe, un mot, un rien, un ah ! un oh !
Pour répondre à ma flamme et payer ton Écho !

NARCISSE.

Tu fais des calembours ? Je me sauve, la belle !
De ton discours, le jeu ne vaut pas la chandelle.
Narcisse à t'écouter perd un temps précieux ;
Il ne peut rien pour toi, que veux-tu ? c'est fâcheux !

(Montrant son nez.)

Avec un nez pareil, on n'aime que soi-même !

ÉCHO.

Par Vénus ! c'en est trop, à la fin ! Le blasphème
Remplace la prière, et mes sens étonnés
Se demandent pourquoi tu me parles du nez !
En moi le jour se fait, et sa clarté propice
Me montre tel qu'il est ce banal appendice !

NARCISSE *(lui prenant le bras)*.

Tant que tu n'as parlé que de toi, tu l'as vu,
Malheureuse ! j'ai feint... d'avoir pas entendu.
Mais tu railles ceci !

(Il montre son nez.)

Tu voudrais le confondre ?

Ah ! respecte mon nez... qui ne peut te répondre !

ÉCHO (*parodiant les imprécations de Camille, dans les Horaces.*)

Ton nez ! l'unique objet de mon ressentiment !
Ton nez ! à qui je dois immoler un amant !
Ton nez ! qui t'a vu fat et que la foule adore !
Oui, ton nez que je hais !... attendu qu'il t'honore !
Puisse chaque autre nez, contre lui conjuré,
Saper son cartilage encor mal assuré,
Et, si ce n'est assez des nez de Béotie,
Que le nez aquilin au nez camus s'allie ;
Que cent index unis, des bouts de l'univers,
Pour le chiquenauder traversent monts et mers !
Que lui-même il se heurte à toutes les murailles
Et d'un éternûment déchire tes entrailles !
Qu'une énorme verrue, à l'appel de mes vœux,
De la démangeaison lui prodigue les feux !
Puissé-je, un jour d'orage, y voir tomber la foudre,
Voir ses conduits souillés par le tabac en poudre,
Voir son dernier « atchis » (*Elle éternue.*)
A ton dernier soupir,
Moi seule en être cause et mourir de plaisir !

NARCISSE.

Malheureuse ! vit-on jamais semblable rage !

(*Voyant Écho défaillir sur un banc de gazon.*)

Elle se trouve mal ? Ah ! ce n'est pas dommage...
Je vais pouvoir filer sans lui dire bonjour.
C'est égal, sapristi ! c'était un crâne amour !

(*Il s'éloigne. — Écho revient doucement à elle et regarde de tout côté. Elle semble chercher à se rappeler ce qui vient de se passer.*)

SCÈNE V

ECHO (*seule*).

(MÉLOPÉE)

Où suis-je ? Qu'ai-je fait ? Toi qui causes ma peine,
Ne dois-je donc plus te revoir ?
Pleurez, pleurez mes yeux, changez-vous en fontaine,
Comme deux robinets, dans une cruche pleine,
Faites, faites couler les pleurs du désespoir !

Amour ! Tyran cruel ! Quand ta flèche, naguère,
Perçant mon cœur, l'a rendu fou,
A Narcisse pourquoi n'as-tu livré la guerre ?
Il fallait, comme à lui, me faire un cœur de pierre,
Ou comme à moi lui faire un cœur en amadou !

Doux concerts des oiseaux, éclatante fanfare
Poursuivant le cerf aux abois.
Ne m'interrogez plus ! Un cruel, un barbare,
Comme on brise l'accord d'une vieille guitare,
M'a brisé, d'un seul coup, et le cœur et la voix !

Jupiter ! et vous, dieux !... dont j'ignore le nombre !
Voudrez-vous laisser impuni
Le mortel orgueilleux qui me rend triste et sombre ?
Niant votre pouvoir, dois-je crier dans l'ombre :
Les dieux, les dieux s'en vont... N, I, c'est fini ! (1)

(*Elle demeure abîmée dans sa douleur.*)

(1) Supprimer, à la représentation, la 2e et la 3e strophe de la *Mélopée*.

SCÈNE VI

ÉCHO, LES NYMPHES.

LA NYMPHE JAUNE.

Nous arrivons trop tard !

LA NYMPHE LILAS.

Ils se sont déjà vus !

LA NYMPHE ROSE.

Mais Narcisse est absent.

ÉCHO (*sans voir les nymphes.*)

Orages imprévus !
O passions du cœur !... que vous troublez ma vie !

LA NYMPHE AMARANTHE.

De leur doux entretien elle semble ravie !

LA NYMPHE JAUNE.

Quel guignon !

LA NYMPHE LILAS.

L'intrigante !

ÉCHO.

O désespoir ! ô pleurs !
Arrosez mon visage et lavez ses couleurs !
Toi, douleur qui m'aigris, maigris aussi ma taille ;
Vous, rides, sur mon front rangez-vous en bataille ;
Attraits, charmes, appas, piéges vains !... Ah ! fuyez !
L'éponge du malheur vous a tous essuyés !

LA NYMPHE LILAS.

Elle pleure !

LA NYMPHE BLEUE.

Vraiment ? Quel bonheur !

LA NYMPHE JAUNE (*ironiquement*).

La pauvrette
N'aura pu de Narcisse assurer la conquête.

LA NYMPHE BLEUE.

Son orgueil est puni...

(*Les Nymphes entourent Écho.*)

LA NYMPHE ROSE (*hypocritement*).

Quoi ! tu pleures, Écho ?

ÉCHO (*sombre*).

Hélas !

LA NYMPHE ROSE.

Que cet hélas est effrayant !

ÉCHO.

Ah !

TOUTES.

Oh !

LA NYMPHE ROSE.

Dis-nous ce qui t'afflige ?

ÉCHO.

A quoi bon vous le dire ?
O Jupiter clément ! déserte ton empire,
Viens écouter ma plainte et venger en ce jour
L'honneur de notre sexe et les droits de l'amour !

LA NYMPHE BLEUE.

Bon ! elle veut plaider contre le beau Narcisse ;
Nous allons rire...

ÉCHO.

Viens ! je demande justice !

TOUTES.

Descends ! ô Jupiter !...

(*On entend une détonation en l'air, un pigeon blessé tombe sur la scène.*)

ÉCHO.

O mystère ! ô terreur !
La foudre dans les airs éclate avec fureur...
Nymphes, prosternez-vous ! à genoux ! ventre à terre !
Voici venir celui que l'Olympe révère !
(Jupiter apparaît dans un ballon.)

SCÈNE VII

LES MÊMES, JUPITER.

JUPITER *(dans la nacelle du ballon).*

Et vogue ma nacelle !
Doux zéphyr sois-moi fidèle,
Et vogue ma nacelle !
Nous trouverons un port !

(Il saute de la nacelle, les Nymphes tombent à genoux. Jupiter va ramasser l'oiseau.)

Qu'est ceci ? par ma foi ! ma foudre a fait le coup ;
Trois plombs dans l'aile gauche, un autre dans le cou.
Mais, la chasse est ouverte, et je puis, ce me semble,
Ramasser ce gibier... Nous souperons ensemble,
N'est-ce pas, mon pigeon ?
(Aux Nymphes, en leur faisant signe de se relever.)
Mes enfants, me voici.
Il paraît que de moi l'on a besoin ici ?
Je sors de mon logis... J'allais faire un voyage
Et je lâchais mon gaz... Le temps tourne à l'orage...

Je voulais arriver au plus prochain abri,
Lorsque j'ai tout à coup entendu votre cri ;
J'ai relâché mon gaz... C'est imprudent ! ma femme,
Tout le monde le sait, est jalouse dans l'âme,
Et si j'étais pincé, je ne sais, entre nous,
O mes chattes, jusqu'où, tout à coup, son courroux
S'en irait de ce coup !

LA NYMPHE LILAS.

C'est beaucoup !

JUPITER.

C'est énorme !
De mes gestes et faits il faut qu'elle s'informe.
Mais puisqu'en ce moment ma femme n'est pas là,
Si nous folichonnions un brin ?

TOUTES.

Oui, c'est cela !
(*Les Nymphes s'apprêtent à danser.*)

ÉCHO (*s'interposant*).

Mais, seigneur, il s'agit d'affaire sérieuse,
Et non pas de pincer une danse joyeuse.

TOUTES.

A Chaillot, l'importune ! A plus tard les débats !
(*Écho s'approche suppliante de Jupiter.*)

JUPITER.

A Chaillot !
(*Aux Nymphes.*)
Livrez-vous, enfants, à vos ébats !

SCÈNE VIII

LES MÊMES, JUNON.

(*Les Nymphes se livrent à une danse folle à laquelle Jupiter se mêle avec le plus joyeux entrain. Junon arrive du fond, traverse la danse et vient se placer, en dansant elle-même, devant Jupiter qui, la prenant d'abord pour une Nymphe, continue son cancan échevelé et la reconnaît enfin.*)

JUPITER (*demeurant la jambe en l'air*).

Ma femme ! Je suis pris ! Sapristi ! que c'est triste !
Quel caniche elle eût fait pour flairer une piste !

(*Se rajustant.*)

Je crois qu'elle me sent, ma parole d'honneur !
Vrai, ce n'est plus tenable !

JUNON.

Ah ! te voilà, coureur !

JUPITER.

Eh bien ! après, voyons ?

JUNON.

De moi, monsieur se sauve !

(*Pleurant.*)

Ah ! tu ne m'aimes plus, Jovis !

JUPITER.

J'en deviens chauve !

(*Il se passe les mains dans une chevelure aussi rouge que luxuriante.*)

Moi, le plus innocent, le plus chaste, le plus...

JUNON (*l'interrompant*).

Silence ! Épargnez-vous des machins superflus !
(*Lui montrant les Nymphes.*)
Nous ne sommes pas seuls...
(*Bas.*)
Mais nous aurons, j'espère,
Une explication !

JUPITER.

Je venais, en bon père,
Voir ces pauvres enfants qui m'appelaient tantôt,
Et j'allais remonter... Mais nous logeons si haut,
Que j'ai voulu d'abord un peu reprendre haleine
Dans ce tout petit coin... de mon vaste domaine !

JUNON.

Gros monstre ! on vous connaît !
(*Aux Nymphes.*)
Et vous, que faites-vous ?
Que voulez-vous ? parlez !

ÉCHO.

A monsieur votre époux,
Je voulais adresser ma bien humble requête,
Au sujet d'un méchant qui m'a tourné la tête.

JUPITER (*à Junon*).

Ah ! tu vois !

JUNON (*regardant Écho*).

Oui, je vois !

JUPITER (*aux Nymphes*).

Elle voit !

JUNON (*furieuse*).

Ta noirceur,
Traître !

JUPITER (*abasourdi*).

Mais d'où te vient cette grande fureur ?
Quelle mouche te pique et quel démon te guide ?
Crelotte ! J'en suis tout stu...

JUNON.

Péfait ?

JUPITER.

Non ! stu...pide !

JUNON (*s'animant par degrés*).

Quoi, n'est-ce pas Écho que je vois en ces lieux ?
Quoi, n'est-ce pas Écho que l'on offre à mes yeux ?
Écho que j'ai chassée ?

JUPITER.

Oui, ton ancienne bonne,
Et c'était cependant une honnête personne.

JUNON.

Venez-vous la prier de me conter encor
La Belle au bois dormant ! La Celle aux cheveux d'or !
Pendant que vous irez, dans l'ombre et le mystère,
Voir un peu si Vénus est toujours à Cythère ?
Que direz-vous enfin pour vous justifier ?
De quel mensonge allez-vous me gratifier ?
(*Trépignant.*)
Ah ! si je n'avais pas un si bon caractère,
Vous me feriez, je crois, monsieur, mettre en colère.
(*Trépignant de plus belle.*)
Mais je suis calme... calme,.. oh ! très calme, parlez !

JUPITER (*balbutiant*).

Louloute, je.,. car... si...

JUNON.

Déjà vous vous troublez !

JUPITER (*impatienté*).

Non ! C'est qu'en vérité, vois-tu, tu me détraques,
Et je voudrais trouver, pour te prouver...

JUNON.

Des craques !

JUPITER.

Des craques ? Ah ! Junon ! ah c'est mal ! c'est bien mal !
Lorsque je viens ici dresser mon tribunal
Pour juger un délit ! Tu n'y crois pas ? Regarde !
(*Aux Nymphes.*)
Pour mener le coupable, allez quérir la garde.

ÉCHO.

O Jupiter ! merci !

JUPITER (*à Junon*).

Tu vas voir ! Tu vas voir !
D'abord à mon côté, Louloute, viens t'asseoir.
(*Aux Nymphes.*)
Vous, revenez bientôt.

JUNON (*aux Nymphes*).

Et je vous recommande
Un autre vêtement.

JUPITER.

La chaleur est si grande !
Et puis... à la campagne !

JUNON.

Assez ! ah ! Pipiter !

JUPITER.

Mais on ne peut pourtant pas s'habiller d'hiver.

JUNON.

On doit plus de respect au maître de l'Olympe,
Plus de décence !

JUPITER (*aux Nymphes*).

Alors, vous mettrez une guimpe
Légère et transparente et. . cela suffira.

LES NYMPHES.

Gloire au couple immortel ! louange...

JUPITER (*les congédiant*).

Et cætera !

SCÈNE IX

JUPITER, JUNON.

JUPITER (*à Junon*).

Eh bien ! te voilà donc convaincue ? et du reste
Je t'ai toujours donné la preuve manifeste
D'une fidélité... conjugale !

JUNON.

Effronté !
Oses-tu bien parler de ta fidélité ?

JUPITER.

Ne fus-je pas toujours bon époux et bon père ?
Notre hymen, pour témoin, n'eut pas monsieur le maire,
Et cependant, Junon. ce que je t'ai promis.
Ne l'ai-je pas tenu ?

JUNON (*se levant*).

Quel toupet, mes amis !

JUPITER.

Ma femme, observe-toi. tiens-toi sur la réserve ;
Tes phrases sont un peu...

JUNON.

Tu veux que je m'observe,
Quand tu dis bon époux ? bon père ?

JUPITER.

C'est le mot.
N'ai-je pas élevé nos enfants comme il faut ?
Toi-même, en les voyant, Junon, tu te rengorges !
Tiens, regarde Vulcain : il est maître de forges ;
Son usine prospère... Et Mars s'est engagé ;
Il vient de recevoir, m'écrit-il, un congé,
Pour nous montrer son casque et ses longues mous-
[taches.
S'il eût eu moins d'amour pour le plancher des vaches,
Son oncle, l'amiral, l'eût pris auprès de lui ;
Neptune est un marin remarquable aujourd'hui.
Te souviens-t-il, Loulou, du jour où sa corvette
L'emporta loin de nous affronter la tempête ?
Nous dinâmes ensemble, au dessert il chanta
Ce vieux refrain marin qu'en chœur on répéta :
(*Il chante.*)
Il était un matelot
Qui partait pour le Congo.
Apollon trépignait à ce chant mélodique
Qui fit naître chez lui le goût de la musique !
Une harpe en sautoir, il partit, pauvre fou !
Chanter des opéras je ne sais plus trop où...
Ah ! de tous nos enfants, Apollon seul m'attriste :
C'est un si piètre état que cet état d'artiste !
Mais, à part Apollon, n'ai-je pas sagement
Élevé nos enfants très honorablement ?
Sur quoi peux-tu baser, Poupoule, tes reproches ?

JUNON.

Sur quoi, monsieur ? sur quoi ?

JUPITER.

Mais oui !

JUNON.

Sur vos bamboches
Clandestines ! Voyons, si j'en faisais autant ?
Oui, si je vous faisais..

JUPITER.

Quoi ?

JUNON.

Seriez-vous content ?

JUPITER.

Si tu me faisais quoi ?

JUNON (*menaçante*).

Ce que fait une épouse,
Alors que son époux impudemment... la blouse !
Pour tromper sa douleur, pour vaincre son ennui,
Elle appelle un voisin... pour causer avec lui !

JUPITER (*fronçant le sourcil*).

As-tu causé ?

JUNON (*fièrement*).

Pour qui prenez-vous votre femme ?

JUPITER.

Mais je la prends pour... moi ! pour moi tout seul, ma-
[dame !
Si jamais un voisin s'avisait de venir...
Par ma barbe ! il n'aurait, brrr ! qu'à se bien tenir !
Pour venger mon honneur, mon bras, auquel tout
[cède,
Sortirait du fourreau ma foudre de Tolède !

Mais c'est assez causer sur un pareil sujet ;
Nous sommes en ces lieux pour un tout autre objet.
Voyez, la foule vient.
(*Les Nymphes entrent en scène avec Écho et Narcisse. Ce dernier est conduit entre quatre gardes.*)

SCÈNE X

LES MÊMES, NARCISSE, ÉCHO, NYMPHES, GARDES.

JUPITER (*se frappant le front*).
Fatale négligence !
Je n'ai pas là Thémis, ni même sa balance ;
A Pomone, hier soir, juste, elle la prêta
Pour peser des raisins que Bacchus acheta.

NARCISSE.
Que veut dire cela ? D'où vient donc qu'on m'entraîne
Comme un vil criminel ?

JUPITER.
Paix ! sinon qu'on l'enchaîne.

JUNON (*à part*).
Mazette ! le beau gas !

NARCISSE.
M'enchaîner ?

JUPITER.
Taisez-vous
Et ne répliquez pas, ou craignez mon courroux.
(*Jupiter et Junon s'asseyent sous un arbre. Écho est debout un peu vers le milieu de la scène. A gau-*

che, vis-à-vis Jupiter, se trouve Narcisse au milieu des gardes. Les Nymphes garnissent le fond et le côté gauche de la scène. Jupiter commence gravement.)

Attendu que je n'ai ni balance ni code,
Comme veut du barreau la sévère méthode ;
Attendu que je n'ai procureur ni greffier,
Ni le moindre avocat, rien, pas même un huissier,
Pour plaider, discuter procès-verbaux, requêtes ;
Attendu que des lois ces puissants interprètes
Nous manquent tout à fait... nous nous en passerons !
Commencez les débats... et ne soyez pas longs.
La parole est d'abord à la demanderesse.

ÉCHO.

A ma timidité que la cour s'intéresse.
Qu'elle fasse la part de mon émotion,
Et veuille à mon récit prêter attention.

(*Elle commence sur un ton de plaidoierie.*)

Dans un calme profond je vivais, pauvre fille !
Du monde la vaine rumeur
Ne m'allait pas... à la cheville ;
J'avais bon appétit et surtout bonne humeur.
Libre, dès le matin j'allais dans le bocage
Voir les fleurs sortir des boutons
Ou suivre du regard les enfants du village
Faisant la chasse aux z'hannetons !
Hélas ! ce temps heureux s'effaça comme un rêve
Qui ferait place au cauchemar...
Je vis, je vis Narcisse, un matin, sur la grève,
Et je rougis comme un homard !

Je sentis dans mon cœur une soudaine flamme
Que vint allumer son œil bleu...
Et puis, après mon cœur, le feu gagna mon âme...
Ah ! si vous aviez vu quel feu !
Mais lui, loin de porter secours à l'incendie,
Par sa présence l'attisait !
J'avais beau l'appeler, l'implorer... perfidie !
A voir flamber il s'amusait !

JUPITER (*se levant*).

Il s'amusait ! vraiment ? Voyez-vous, le beau merle,
Qui se croit un trésor, un bichon, une perle,
Parce qu'une servante ou bien quelques Phrynés
Se sont stupidement éprises de... son nez !
Peuh ! tu n'as que cela pour faire des caprices ?
Que c'est petit auprès de mon sac à malices !
T'es-tu changé jamais en cygne, en pastoureau,
En sosie, en gamin, en satyre, en taureau ?
En Diane elle-même, en pièces d'or sonnantes,
Pour séduire un troupeau de belles innocentes ;
Alcmène, Sémélé, Cerès et Danaé,
Isis, Maïa, Léda, Latone et Dioné,
Thémis et Calisto, Mnémosyne, Antiope,
Et des Nymphes... au tas ! Tiens, j'oubliais Europe !

JUNON (*l'interrompant*).

Très bien ! de m'éclairer monsieur a pris le soin !

JUPITER (*à part*).

Diable ! la vanité m'a fait aller trop loin !
(*Haut.*)
Silence quand je parle, ou, sans quoi, mon tonnerre

Vous pulvérise tous !

(*A Écho.*)

Toi, poursuis ton affaire.

(*Il se rassied.*)

ÉCHO.

Je finis : Quand parfois une main imprudente,
D'un voisin ou d'un mauvais gas,
Brûle votre maison, la justice patente
Est qu'il paie au moins les dégâts ?
Ma maison, c'est mon cœur, où la douleur habite,
Je veux, par vos justes arrêts,
Que Narcisse me donne ici le sien pour gîte,
Et des dommages-intérêts.
J'ai dit, ô Jupiter ! en toi je me confie.

JUPITER (*bâillant*).

Ouf ! qu'il fait chaud ! Junon, ouvre le parapluie,
Le soleil m'étourdit, sur ma nuque d'aplomb...
Ce n'est pas du soleil, sacrebleu ! c'est du plomb !

(*A Narcisse.*)

Allons, parle, Narcisse, et ne sois pas prolixe.

NARCISSE (*à part*).

De madame Junon la prunelle me fixe...
Son regard me dévore !

JUPITER.

Allons ! parle !

NARCISSE.

Voici.

En peu de mots je vais me disculper ici.

(*Montrant Écho.*)

Cette folle prétend que j'ai mis dans son âme
Du brasero d'amour la dévorante flamme,

Qu'elle est incendiée et qu'elle flambe ? Eh ! quoi ?
A son compte, je suis donc du phosphore, moi ?
Mais je veux l'accorder à ma partie adverse,
Avec son argument même je la renverse,
Je réduis à néant son accusation,
Pour peu que l'on me suive avec attention :
(*Il plaide.*)
Je suppose un moment que je sois un phosphore,
Mais, une loi chimique, et nul, nul ne l'ignore,
Veut que ce corps, seigneur, soit doucement frotté
Pour répandre dans l'air sa brûlante clarté.
Si l'on ne frotte pas la matière inflammable,
Elle ne prendra pas, c'est évident, palpable,
Et l'accusation me donne ici beau jeu :
Le sauvage, en frottant, se procure du feu,
Et moi, civilisé, si je prends l'allumette,
Comprenez bien ceci... Si je prends... je répète :
Si je prends l'allumette et ne la frotte pas,
Sa flamme ne saura point éclairer mes pas...
Il faut frotter pour que la clarté se répande !
C'est lumineux !... Or, moi, phosphore, je demande :
Quand donc me frotta-t-on ? Est-ce hier ?

ÉCHO (*voyant que Jupiter dort*).

Monseigneur,
Vous dormez !

JUPITER (*s'éveillant*).

Nullement ! C'est le jour du frotteur...
J'entends bien ce qu'il dit.

NARCISSE (*poursuivant*).

Est-ce l'autre semaine ?
Mais je puis établir mon alibi sans peine,

Et si madame brûle, elle peut, sur ma foi,
Chercher vite à s'éteindre et sans penser à moi ;
Je ne suis pas pompier.

JUPITER.

La cause est entendue,
Je vais aller aux voix.

(Il se retire seul à l'écart et se livre à une pantomime burlesque comme s'il discutait avec plusieurs personnes.)

ÉCHO.

Combien je suis émue !
Quel verdict rendra-t-il ?

JUNON *(lorgnant Narcisse, à part)*.

Ce jeune homme a l'œil fier.
Je veux, en sa faveur, parler à Pipiter.

(Allant à Narcisse et lui parlant à voix basse.)

Jeune homme ! voulez-vous être acquitté ?

NARCISSE *(surpris)*.

Madame...

JUNON *(bas et tendrement)*.

Ah ! la compassion pour toi plaide en mon âme,
Et je veux te sauver !

NARCISSE.

Cours-je donc un danger ?

JUNON.

Enorme ! Mais je veux t'en sortir... te venger !

NARCISSE.

Tiens ! tiens !

JUNON *(amoureusement)*.

Regarde-moi ! plus près... plus près encore !

ÉCHO (*s'apercevant des manœuvres de Junon, à part*).

Elle lui fait de l'œil !... Justes dieux !

JUPITER (*à lui-même*).

Moi, j'ignore
Comment Thémis ferait... Je suis dans l'embarras.
(*Réfléchissant.*)
Si je les foudroyais ? Non ! Je n'ai sous mon bras
Que ce pépin hors d'âge... Ah ! que je suis perplexe.

JUNON (*à Narcisse, bas*).

Écoute, quand la nuit descendra...

JUPITER (*dans un coin*).

Ça me vexe.

JUNON (*poursuivant*).

Tu te rendras ici.

NARCISSE.

Moi ?

JUNON.

Toi !

ÉCHO (*qui les a écoutés*).

Ciel !

JUNON (*tendrement*)

Je le veux !

JUPITER (*à Junon*)

Louloute, que fais-tu ?

JUNON (*vivement*).

J'arrache... des aveux
A votre criminel.
(*A Narcisse.*)
Tu viendras à la brune...
Et puis tu chanteras...

NARCISSE.

Bah !

JUNON.

Au clair de la lune.
J'entendrai ce signal et viendrai.

NARCISSE.

Mais !

JUNON (*lui fermant la bouche*).

Tais-toi !
Tu ne me comprends pas...

ÉCHO (*à part*).

Mais je te comprends, moi !
Tu veux souffler Narcisse à ma flamme jalouse ?
Je me mets en travers, trop oublieuse épouse !

JUPITER (*à Junon*).

T'a-t-il fait des aveux ?

JUNON (*regardant tendrement Narcisse*).

Non ! mais il m'en fera,
(*A Narcisse.*)
N'est-ce pas ?

NARCISSE (*à part*).

Elle m'aime !

ÉCHO (*venant auprès de Junon*).

Oui, tâche ! on t'en tiendra !
A ma barbe tu viens, quand je suis affligée,
Faire la bouche en cœur ?

JUNON (*saisie*).

Écho !... Je suis pigée !

ÉCHO.

Ton époux le saura, ton époux vertueux...

JUNON.

Péronelle !

NARCISSE.

Elles vont se crêper les cheveux...
Je voudrais bien filer...

JUPITER *(cherchant toujours son verdict)*.

Je ne puis, dans ma tête,
Combiner un verdict aussi simple qu'honnête.

ÉCHO *(allant à Jupiter)*.

Écoutez, Jupiter...

JUPITER *(même jeu)*.

Écoutez, mon époux...

ÉCHO.

Suspendez votre arrêt...

JUNON.

Je le rendrai pour vous...

JUPITER *(vivement)*.

Tu me feras plaisir !

JUNON *(à part, désignant Écho)*.

Il faut que je lui cloue
La langue à son palais, avant qu'elle n'en joue.

ÉCHO *(à Jupiter)*.

Écoutez, Jupiter, votre dame, tantôt,
Là, dans ce coin, avec Narcisse...

JUNON *(vivemeut)*.

Plus un mot !
(A Jupiter.)
Imposez-lui silence !

JUPITER *(à Écho)*.

Allons, paix, là ! Silence !

On a clos les débats.

(A Junon.)

Et toi, rends la sentence.

(Jupiter prend Junon par la main et la fait monter sur le banc de gazon.)

ÉCHO.

Je parlerai plus tard...

JUNON *(bas et ironiquement à Écho en passant devant elle.)*

Oui !... Compte là-dessus !
Oui ! compte et bois de l'eau, ma bonne... que tu fus !

(Rendant le jugement.)

Du grand Jupiter, la sagesse,
D'Écho voyant la fausseté,
Avec sa déplorable adresse
Pour déguiser la vérité,
A la susdite, ici, défend toute harangue,
Et veut qu'à l'avenir sa langue
Subisse un éternel repos.
Sans toutefois être muette,
Il entend qu'elle ne répète
Des paroles d'autrui, rien que les derniers mots !

(Descendant du banc, bas à Écho.)

Là ! parle maintenant !... Tu fus loin de t'attendre
A ce coup de Jarnac ? Allons, va donc apprendre
A mon époux que je... Tu ne peux désormais...

ÉCHO *(faisant des efforts pour parler).*

Mais... mais...

JUPITER *(à Écho).*

Que dis-tu, pauvre Écho, de cet arrêt sévère ?

Quelle observation, mon enfant, vas-tu faire ?
Cet arrêt est cruel comme un coup de canon !

ÉCHO *(même jeu)*.

Non... non...

JUPITER.

Elle le trouve juste ?... Elle a bon caractère !

JUNON *(à Narcisse, bas)*.

A ce soir !

NARCISSE *(bas)*.

Mais pourquoi ?

JUNON *(bas)*.

Pour rien... C'est un mystère !

JUPITER *(observant Junon)*.

A Narcisse, Junon s'intéresse beaucoup !

ÉCHO.

Cou... cou...

JUPITER *(vivement)*.

Comment, coucou ? Quel est ce champêtre vocable ?
Je révoque l'arrêt !...

JUNON *(vivement)*.

Il est irrévocable !

JUPITER.

Bigre !

JUNON *(à Narcisse, bas)*.

Je toucherai ton cœur, ô beau phénix !

ÉCHO.

Nix .. nix...

JUPITER *(regardant Narcisse)*.

Mais ce drôle pourtant, trop fat de sa personne,
Mérite une leçon ; il faut qu'on la lui donne...

JUNON.

Que vas-tu faire, ô ciel !

JUPITER.

Je veux, dès aujourd'hui,
Que sur terre et sur mer il n'aime rien que lui.
(*Regardant Junon, à part.*)
Je me mets à l'abri !
(*Haut.*)
J'aime assez ma sentence...
Sapristi, j'ai du flair !

JUNON.

Vous avez.... de la chance !

NARCISSE (*au public*).

On dit qu'au public le couplet

ÉCHO.

Plaît !

NARCISSE.

Aussi, ce soir, ma voix touchante...

ÉCHO.

Chante.

NARCISSE.

Notre auteur a fait des efforts...

ÉCHO.

Forts!

JUPITER.

Son esprit pour sa pastorale...

ÉCHO.

Râle !

JUPITER.

Son cœur, dans un rude combat...

ÉCHO.

Bat !

JUPITER.

Sauvez du critique couleuvre...

ÉCHO.

L'œuvre !

JUNON.

Sans vous, il serait — quel remord !

ÉCHO.

Mort !

JUNON.

O public ! pour lui j'intercède...

ÉCHO.

Cède !

JUNON.

Pour que tes arrêts soient subis...

ÉCHO.

Bis !

(Jupiter donne la main à Junon. Narcisse se penche sur le bord de la rivière et s'admire dans l'eau. Écho s'appuie contre un rocher et ne répond que par monosyllabes aux Nymphes qui l'entourent. Junon jette un dernier regard à Narcisse, qui n'y fait pas attention, et monte dans la nacelle du ballon avec Jupiter qui se frotte les mains. Le ballon s'enlève.)

RIDEAU

Variantes

MM. les Directeurs de province qui voudront supprimer les Nymphes feront commencer la pièce à la Scène III, en faisant crier dans la coulisse, au lever du rideau :

Vive le beau Narcisse !

Narcisse entrera immédiatement en scène et dira ce qui est écrit textuellement jusqu'à sa sortie.

SCENE V

Echo supprimera la troisième strophe de la Mélopée et, après la dernière, elle dira ces quatre vers :

Pour un pareil affront, je demande justice.
C'en est fait ! contre toi, je plaiderai, Narcisse !
Descends, ô Jupiter ! viens venger en ce jour
L'honneur de notre sexe et les droits de l'amour.

On supprimera la Scène VI pour arriver à la Scène VII. Jupiter, au lieu de descendre du ballon, arrivera pédestrement par la droite (du public) en chantant : *Et vogue ma nacelle, etc.*, et on continuera comme c'est écrit. C'est Jupiter qui dira le vers :

A Chaillot, l'importune ! à plus tard, les débats !
A Chaillot ! livrons-nous à de joyeux ébats !

SCENE VIII

Textuelle. C'est en pirouettant autour d'Echo que Jupiter sera surpris par Junon. A la fin de cette scène, c'est Écho qui dira :

Gloire au couple éternel ! louange...

SCÈNE IX

Textuelle.

SCÈNE X

Textuelle. Figuration avec des Nymphes muettes, si l'on peut. Les gardes portent une table qu'ils déposent à gauche (du public). C'est derrière cette table que se placent, tour à tour, Écho et Narcisse pour plaider.

Suivre le texte jusqu'au couplet final, que l'on remplacera par les vers suivants :

ÉCHO *(au chef d'orchestre).*

O maestro, pardon ! ne donnez pas l'accord.
(Au public) :
Mais avant de finir, un mot, un seul encor :
Si vous avez trouvé notre pièce un peu drôle,
Si les artistes ont assez bien dit leur rôle,
Accordez-nous à tous un bon point ex-equo,
Et pour nous amener un public idolâtre,
De la pauvre Écho de théâtre,
Vous-mêmes faites-vous l'écho.

Paris. — Alcan-Levy, imprimeur breveté, 61 rue de Lafayette.

Alcan-Lévy, imprimeur breveté, 61, rue de Lafayette.

www.ingramcontent.com/pod-product-compliance
Ingram Content Group UK Ltd.
Pitfield, Milton Keynes, MK11 3LW, UK
UKHW020436180726
13839UKWH00004B/1510

9 782329 45493